ADOBE PHOTOSHOP

2025

BENUTZERHANDBUCH

Das komplette Handbuch für Einsteiger bis hin zu Experten, um die Fotobearbeitung mit aktualisierten Werkzeugen, Abkürzungen und kreativen Techniken zu meistern

ALBERT F. JOHNSON

VERZICHTSERKLÄRUNG

Dieses Handbuch ist eine unabhängige Veröffentlichung und steht nicht in Verbindung mit Adobe Inc. und wird von Adobe Inc. unterstützt. "Adobe" und "Photoshop" sind Marken von Adobe Inc.

Der Inhalt dient nur zu Bildungszwecken. Obwohl alle Anstrengungen unternommen wurden, um die Genauigkeit zu gewährleisten, können sich die Funktionen mit Software-Updates ändern. Benutzer sollten sich in der offiziellen Dokumentation von Adobe über die neuesten Informationen informieren.

Der Autor und der Herausgeber haften nicht für Ergebnisse, die sich aus der Verwendung dieses Leitfadens ergeben.

INHALTSVERZEICHNIS

Einleitung

Von der Überwältigung zur Meisterschaft – Ihre Reise beginnt hier

Der Bildschirm leuchtete.

Dutzende von winzigen Symbolen befanden sich oben, seltsame Symbolleisten schmiegten sich an jede Ecke und in der Mitte erstreckte sich eine leere Leinwand wie eine Herausforderung, die darauf wartete, gelöst zu werden. *"Was macht dieser Knopf überhaupt?"* flüsterten sie vor sich hin und klickten vorsichtig... nur um es rückgängig zu machen. Wieder rückgängig machen. Schließen Sie das Programm. Und geh weg.

So fängt es bei den meisten Menschen an. Nicht mit einem Ausbruch von Kreativität – sondern mit einer leisen Art von Niederlage.

Wenn Sie so etwas wie die unzähligen aufstrebenden Entwickler sind, die Adobe Photoshop zum ersten Mal geöffnet haben – in der Hoffnung, etwas Erstaunliches zu entwerfen – haben Sie wahrscheinlich die gleiche Mischung aus Aufregung und Verwirrung verspürt. Du hast dir Tutorials angesehen, die zu schnell vorangegangen sind, Anleitungen gelesen, die über deinen Kopf hinweg gesprochen haben, oder Schritte befolgt, bei denen du das Gefühl hattest, eine unsichtbare Lektion zu verpassen, die alle anderen bekommen haben.

Sie sind nicht allein.

Hinter jedem brillanten Digitalkünstler, jedem gestochen scharfen Flyer, jedem retuschierten Foto, das Sie bewundern, steckt eine Geschichte, die mit Frustration begann. Und die Chancen stehen gut, dass Ihnen niemand jemals gesagt hat, dass es beim Erlernen von Photoshop nicht darum geht, alles zu beherrschen – es geht darum, die *richtigen* Dinge zu kennen, in der *richtigen* Reihenfolge, mit der *richtigen* Anleitung.

Darum geht es in diesem Buch.

Sie nicht in Fachjargon zu ertränken. Nicht alle 70+ Werkzeuge auf einmal auf dich werfen. Nicht davon auszugehen, dass Sie bereits wissen, was "Schnittmaske" oder "Smart-Objekt" bedeutet. Dieser Leitfaden ist hier, um Sie *bei* Ihrem Einstieg in die Welt von Photoshop 2025 zu begleiten, Ihr Übersetzer und Ihr Cheerleader – egal ob es sich um das erste oder das zehnte Mal handelt.

In diesem Leitfaden finden Sie:

- **Reale Aufgaben** Schritt für Schritt aufgeschlüsselt
- **Screenshots und visuelle Hilfsmittel**, die *genau zeigen* , was zu tun ist
- **Klare** Erklärungen zu Werkzeugen, Funktionen und wann sie verwendet werden sollten
- **Kreative Tipps und Designprinzipien** , die Ihnen helfen, wie ein Profi zu denken

- Und vor allem das **Selbstvertrauen,** Photoshop zu öffnen und endlich zu sagen: "Ich *hab's.*"

Du brauchst kein Talent. Du brauchst keinen teuren Unterricht. Sie brauchen nur die richtige Roadmap.

Egal, ob Sie Student, Kleinunternehmer, Hobbyunternehmer oder Kreativprofi sind, dieses Buch wurde für *Sie geschrieben.* Wenn Sie fertig sind, wird sich Photoshop nicht mehr wie eine Fremdsprache anfühlen. Es wird sich anfühlen wie ein Werkzeug, *das Sie besitzen* – und eines, mit dem Sie Ihre wildesten Ideen zum Leben erwecken können.

Fangen wir an. Lassen Sie uns diese Frustration in Macht verwandeln.

Für wen ist dieses Buch gedacht?

Egal, ob Sie Photoshop zum ersten Mal öffnen oder in der Vergangenheit versucht haben, es zu lernen, sich aber überfordert fühlten, dieses Buch wurde speziell für *Sie* entwickelt .

Es ist für:

- **Anfänger** , die Photoshop von Grund auf lernen möchten – ohne sich in der Komplexität zu verlieren.
- **Fotografen und Digitalkünstler** , die ihre Bilder aufpolieren, präzise retuschieren und endlich die Werkzeuge verstehen möchten, die sie bisher durchgearbeitet haben.
- **Studenten und Design-Lernende** , die einen strukturierten, visuellen

Leitfaden benötigen, um ihre Kurse zu ergänzen.

- **Unternehmer, Vermarkter und Content-Ersteller,** die beeindruckende Grafiken, Banner und visuelle Elemente für ihre Marken erstellen möchten – ohne sich auf andere verlassen zu müssen.

- **Hobbyisten und Kreative** , die einfach nur *Spaß* mit Photoshop haben wollen – indem sie Kunst, Memes oder Social-Media-Inhalte erstellen, die auffallen.

Wenn Sie sich jemals gesagt haben: "Ich *wünschte, jemand könnte mir einfach zeigen, was ich tun soll, klar und Schritt für Schritt"*, dann ist dieses Buch genau das.

Neue Funktionen in Adobe Photoshop 2025

Photoshop 2025 führt einen mutigen Sprung nach vorn ein – mit mehr Intelligenz, Geschwindigkeit und kreativer Leistung als je zuvor. Hier sind einige der herausragenden neuen Funktionen, die Sie in dieser Ausgabe entdecken werden:

- **Verbesserte KI-Werkzeuge**: Von intelligenteren Auswahlmöglichkeiten bis hin zu *generativer Füllung der nächsten Generation* kann die künstliche Intelligenz von Photoshop Ihre Arbeit jetzt mit nur wenigen Klicks vorhersagen, abschließen und verbessern.

- **Objektentfernung in Echtzeit**: Kein Kampf mehr mit dem Klonwerkzeug – Photoshop 2025 ermöglicht das nahezu sofortige Entfernen von Personen, Stromleitungen oder Objekten mit atemberaubender Genauigkeit.

- **Bedienfeld zur Anpassung von Pinseln und Werkzeugen**: Ein verbessertes Drag-and-Drop-Bedienfeld macht die Organisation Ihrer Lieblingspinsel und -werkzeuge reibungsloser als je zuvor.

- **Upgrade von neuronalen Filtern**: Noch mehr kreative Kontrolle über Hautglättung, Farbkorrektur und Gesichtsanpassung – mit besseren Ergebnissen und schnellerer Leistung.

- **Funktionen für die Live-Zusammenarbeit**: Arbeiten Sie in Echtzeit mit anderen an derselben Datei, was Photoshop zu einer dynamischeren, teamfreundlicheren Erfahrung macht.

- **Schnellere Leistungs- und GPU-Optimierung**: Geschwindigkeitsverbesserungen auf allen Geräten, insbesondere bei größeren Dateien und Projekten mit mehreren Ebenen.

- **Verbesserte Mobil-/Cloud-Integration**: Beginnen Sie auf dem Desktop, optimieren Sie sie auf dem Tablet, beenden Sie sie in der Cloud – Photoshop 2025 bietet eine umfassendere plattformübergreifende Funktionalität.

Jede dieser Funktionen wird in diesem Leitfaden anhand praktischer, realer Anwendungen untersucht, sodass Sie nicht nur über die Neuerungen lesen, sondern sie tatsächlich verwenden.

Systemanforderungen und Installationsanleitung

Bevor wir in Ihre kreative Reise eintauchen, stellen wir sicher, dass Ihr System bereit ist, Photoshop 2025 reibungslos auszuführen. Adobe hat mit dieser Version die Messlatte ein wenig höher gelegt, insbesondere um die neuesten KI-gesteuerten Funktionen zu unterstützen.

☑ **Minimale Systemanforderungen:**

- **Betriebssystem**: Windows 11 (64-Bit) oder macOS Monterey (12.0) und höher
- **Prozessor**: Intel®- oder AMD-Prozessor mit 64-Bit-Unterstützung; Prozessor mit 2 GHz oder schneller
- **RAM:** 8 GB (16 GB empfohlen für beste Leistung)
- **Grafikkarte**: GPU mit DirectX 12-Unterstützung (mindestens 2 GB VRAM, 4 GB empfohlen)
- **Festplatte**: 10 GB verfügbarer Speicherplatz; SSD empfohlen
- **Display**: 1280 x 800 Display (1920 x 1080 oder höher bevorzugt)
- **Internet**: Erforderlich für die Softwareaktivierung und den Zugriff auf Adobe Creative Cloud-Funktionen

Installationsschritte:

1. **Erstellen eines Adobe-Kontos oder Anmelden bei einem Adobe-Konto**Rufen Sie adobe.com auf, klicken Sie auf "Anmelden" oder erstellen Sie ein kostenloses Konto, falls Sie noch keines haben.

2. **Wählen Sie ein Abonnement**Wählen Sie den Plan, der Ihren Anforderungen entspricht. (Photoshop ist als eigenständige App oder als Teil der Adobe Creative Cloud-Suite erhältlich.)

3. **Adobe Creative Cloud Desktop App herunterladen**Dies ist der Hub, in dem Sie Ihre Adobe-Anwendungen installieren und verwalten.

4. **Installieren Sie Photoshop 2025Starten Sie Creative Cloud, suchen Sie Photoshop in der App-Liste und klicken Sie auf "Installieren".**

5. **Starten und aktivierenÖffnen Sie nach der Installation Photoshop, melden Sie sich mit Ihrer Adobe ID an und schon kann es losgehen.**

⚠ **Tipp:** Informieren Sie sich immer auf der Adobe-Website über die neuesten Spezifikationen oder Updates – insbesondere, wenn Sie ein neu veröffentlichtes Betriebssystem oder Hardware verwenden.

Kapitel 1: Erste Schritte

Navigieren in der Photoshop-Benutzeroberfläche

Wenn Sie Adobe Photoshop 2025 zum ersten Mal starten, kann sich die Benutzeroberfläche etwas überwältigend anfühlen. Aber sobald Sie das Layout und den Zweck jedes Abschnitts verstanden haben, wird er zu Ihrem kreativen Spielplatz.

✦ Der Startbildschirm

Beim Öffnen von Photoshop wird der **Startbildschirm angezeigt,** auf dem Sie Folgendes tun können:

- Erstellen eines neuen Dokuments
- Öffnen Sie die zuletzt verwendeten Dateien
- Greifen Sie auf Tutorials, Vorlagen oder Adobe-Ressourcen zu

Sie können jederzeit zum Startbildschirm zurückkehren, indem Sie auf **Datei > Startseite** klicken oder das Startsymbol oben links verwenden.

✦ **Layout der Hauptschnittstelle**

Fläche	Beschreibung
Menüleiste	Befindet sich an der Spitze; enthält Dropdown-Menüs wie Datei, Bearbeiten, Bild, Ebene, Typ, Auswählen, Filter, 3D, Ansicht, Fenster und Hilfe.
Toolbox (Gruppe Werkzeuge)	Normalerweise auf der linken Seite; Enthält alle wichtigen Werkzeuge wie Verschieben, Auswahlrechteck, Pinsel, Radiergummi usw. Bewegen Sie den Mauszeiger über die einzelnen Tools, um QuickInfos anzuzeigen.

Fläche	Beschreibung
Optionsleiste	Direkt unter der Menüleiste; Ändert sich je nach ausgewähltem Werkzeug, wodurch kontextsensitive Einstellungen vorgenommen werden können.
Bedienfelder und Arbeitsbereiche	Zu finden auf der rechten Seite; enthält Ebenen, Eigenschaften, Anpassungen, Farbe, Verlauf usw. Sie können Ihren Arbeitsbereich anpassen und speichern.
Leinwand	Der Hauptarbeitsbereich in der Mitte, in dem Ihr Bild oder Design angezeigt wird.
Statusleiste	Unten; Zeigt die Einstellungen für die Zoomstufe, das Farbprofil und den Schnellzugriff an.

☀ **Tipp:** Wechseln Sie zu **Fenster > Arbeitsbereich > Essentials (Standard),** wenn sich Ihr Layout jemals zu chaotisch anfühlt.

Anpassen Ihres Arbeitsbereichs

Mit Photoshop haben Sie die volle Kontrolle über das Aussehen und die Funktionen Ihrer Benutzeroberfläche. Benutzerdefinierte Arbeitsbereiche verbessern Ihren Arbeitsablauf und reduzieren Ablenkungen.

✦ **Auswahl eines Arbeitsbereichs**

Photoshop bietet voreingestellte Arbeitsbereiche, die auf verschiedene Arbeitsabläufe zugeschnitten sind:

- **Essentials** – Das Standardlayout
- **Fotografie** – Ideal für die Fotoretusche
- **Grafik und Web** – Nützlich für die Layoutgestaltung

- **Bewegung** – Für zeitachsenbasierte Animationen
- **3D** – Wenn die 3D-Bearbeitung auf Ihrem Gerät aktiviert ist

Wählen Sie über: **Fenster > Arbeitsbereich > [Ihre Wahl]**

✦ **Paneele neu anordnen**

- Ziehen Sie eine beliebige Registerkarte des Bedienfelds (z. B. Ebenen, Eigenschaften), um sie neu zu positionieren.
- Blenden Sie die Bedienfelder aus, indem Sie auf die Doppelpfeile >> oben rechts klicken.
- Docken Sie Bedienfelder an, indem Sie sie an den Rand des Bildschirms ziehen.

✦ **Speichern eines benutzerdefinierten Arbeitsbereichs**

Sobald Sie die Dinge so eingestellt haben, wie Sie es möchten:

Wechseln Sie zu **Fenster- > Arbeitsbereich > Neuer Arbeitsbereich**, geben Sie ihm einen Namen und speichern Sie.

🔧 **Profi-Tipp**: Lassen Sie die Bedienfelder "Ebenen" und "Verlauf" immer sichtbar – sie sind für fast jedes Projekt unerlässlich.

Dateiformate und Auflösung verstehen

Bevor Sie ein neues Projekt erstellen, ist es wichtig zu verstehen, welche Dateitypen verwendet werden sollen und wie sich die Auflösung auf Ihre Arbeit auswirkt.

✦ **Gängige Photoshop-Dateiformate**

Format	Beschreibung	Anwendungsfall
.PSD	das native Format von Photoshop; Behält Ebenen,	Am besten für laufende Projekte

Format	Beschreibung	Anwendungsfall
	Effekte, Masken usw. bei.	
. JPEG / .JPG	Reduziertes Bildformat; komprimiert	Teilen im Web oder in sozialen Medien
.PNG	Unterstützt Transparenz und verlustfreie Komprimierung	Logos, Grafiken ohne Hintergrund
. KABBELEI	Hochwertige, stützende Schichten	Drucken, Archivieren
.PDF	Nützlich für Drucklayouts	Exportieren von Flyern, Plakaten

✦ **Auflösung verstehen**

- **DPI (Dots Per Inch)**: Wird im Druck verwendet. Standard: **300 DPI**

- **PPI (Pixels Per Inch):** Wird auf Bildschirmen verwendet. Norm: **72 PPI**

⚠ Eine niedrige Auflösung führt zu verschwommenen Drucken. Beginnen Sie immer mit den richtigen Abmessungen für Ihre Zielausgabe (Print oder Digital).

Festlegen von Voreinstellungen

Um Photoshop besser auf Ihren Workflow einzustimmen, passen Sie die Einstellungen an.

Gehen Sie zu: **Bearbeiten (Windows) / Photoshop (Mac) > Voreinstellungen**

Einige nützliche Kategorien:

- **Allgemein:** Automatisches Speichern, Levels rückgängig machen, Zwischenablage exportieren
- **Leistung:** RAM-Auslastung anpassen, GPU-Beschleunigung aktivieren

- **Werkzeuge**: Anpassen des Verhaltens von Pinseln, Anzeigen von QuickInfos
- **Benutzeroberfläche**: Wechseln Sie zwischen hellen/dunklen Themen, skalieren Sie die Benutzeroberfläche
- **Dateihandhabung**: Festlegen von Autosave-Intervallen und Standardspeicherorten

✸ **Tipp**: Aktivieren Sie "Legacy Undo" unter Einstellungen > Leistung, wenn Sie das klassische Mehrfach-Rückgängig-System bevorzugen.

Kapitel 2: Grundlegende Werkzeuge und Funktionen

Das Werkzeugfeld von Photoshop mag auf den ersten Blick einschüchternd aussehen, aber das Erlernen der Grundlagen schaltet fast alles andere frei, was Sie tun werden. Jedes Werkzeug hat einen bestimmten Zweck, und wenn sie zusammen verwendet werden, bilden sie die Grundlage für Fotobearbeitung, digitale Malerei, Grafikdesign und mehr.

Werkzeuge "Verschieben", "Auswahlrahmen", "Lasso" und "Schnellauswahl"

Werkzeug "Verschieben" (V)

- **Funktion**: Verschiebt ausgewählte Elemente (Ebenen, Text, Bilder) auf der Leinwand.
- **Hauptmerkmale**:
  - Automatische Auswahl: Ermöglicht das Klicken und Verschieben von Objekten, ohne ihre Ebenen manuell auszuwählen.
  - Transformationssteuerelemente anzeigen: Ermöglicht es Ihnen, die Größe des ausgewählten Elements zu ändern, ohne das Werkzeug zu wechseln.

Anwendungsfall: Verschieben eines Logos an eine neue Position auf einem Flyer.

Partyzelt-Werkzeuge (M)

- **Funktion**: Erstellt eine rechteckige, elliptische oder einreihige Auswahl.
- **Typen**:
  - Rechteckiges Partyzelt
  - Elliptisches Zelt
  - Einzelne Zeile / Spalte

🗨 **Anwendungsfall**: Auswählen eines bestimmten Bereichs eines Bildes, um einen Filter oder eine Anpassung anzuwenden.

Lasso-Werkzeuge (L)

- **Funktion**: Ermöglicht freihändige und polygonale Auswahlen.
- **Typen**:
  - Lasso: Freihandauswahl
  - Polygonales Lasso: Auswahl mit geraden Kanten

33

- ○ Magnetisches Lasso: Rastet basierend auf dem Kontrast an Kanten ein

🧠 **Anwendungsfall**: Grobes Ausschneiden einer Person oder eines Objekts aus einem Foto.

Schnellauswahl-Werkzeug (W)

- **Funktion**: Wählt Bereiche basierend auf ähnlicher Farbe und Textur aus.
- Wenn Sie den Mauszeiger über einen Bereich ziehen, wird die Auswahl nach und nach erweitert.
- Funktioniert gut mit **"Auswählen" und "Maskieren "** zum Verfeinern von Kanten.

🗨 **Anwendungsfall**: Schnelle Auswahl des Hintergrunds, um ihn durch einen anderen zu ersetzen.

Werkzeuge "Zuschneiden" und "Transformieren"

Werkzeug "Zuschneiden" (C)

- **Funktion**: Schneidet Teile eines Bildes aus oder ändert die Leinwandgröße.
- Sie können Bilder auch mit dem Winkelwerkzeug in Zuschneiden begradigen.

🗨 **Anwendungsfall**: Zuschneiden eines Fotos auf das quadratische Seitenverhältnis von Instagram (1:1).

Transformations-Werkzeuge

- Zugriff über **Bearbeiten > Frei transformieren** oder Tastenkombination **Strg + T (Cmd + T)**
- Ermöglicht Ihnen:
  - Größe
  - Drehen
  - Schief
  - Schnipsen
  - Verziehen

🗨 **Anwendungsfall**: Ändern der Größe eines Fotos, damit es in ein Posterlayout passt, oder Drehen eines geneigten Bildes.

Pinsel-, Radiergummi- und Verlaufswerkzeuge

Pinsel-Werkzeug (B)

- **Funktion**: Malt Farbe mit benutzerdefinierten Formen, Härte und Deckkraft.
- Ideal für digitales Malen, Retuschieren und Maskieren.

Anwendungsfall: Malen von Schatten oder Lichtern auf ein Foto.

Radiergummi-Werkzeug (E)

- **Funktion**: Löscht Teile eines Bildes oder einer Ebene.
- Wirkt wie ein umgekehrter Pinsel – kann weich, hart oder sogar strukturiert sein.
- Wenn Sie einen gesperrten Hintergrund löschen, wird er automatisch in eine Ebene umgewandelt.

Anwendungsfall: Entfernen von Streukanten oder Aufräumen einer digitalen Skizze.

Verlaufswerkzeug (G)

- **Funktion**: Füllt einen ausgewählten Bereich mit einer allmählichen Farbmischung.
- Sie können Folgendes anpassen:
    - Richtung (linear, radial, winkelförmig, reflektiert)
    - Farben und Stopps
    - Transparenz

Anwendungsfall: Erstellen eines glatten Himmelshintergrunds oder eines modernen Schaltflächeneffekts.

Text- und Formwerkzeuge

Textwerkzeug (T)

- **Funktion**: Fügt Ihrer Leinwand editierbare Textebenen hinzu.
- Sie können Folgendes einstellen:
  - Schriftart, -größe, -farbe, -ausrichtung, -abstand und -transformation.
- Unterstützt Absatz- und Punkttextformate.

Anwendungsfall: Hinzufügen eines Titels zu einem Flyer oder eines Zitats zu einem Social-Media-Beitrag.

Formwerkzeug (U)

- **Funktion**: Erstellt Vektorformen – Rechtecke, Ellipsen, Linien, Polygone und benutzerdefinierte Formen.

- Jede Form ist eine separate Ebene und kann ohne Qualitätsverlust in der Größe geändert werden.

Anwendungsfall: Entwerfen von Abzeichen, Symbolen oder Schaltflächen mit klaren Kanten.

Praktische Übungen

Diese Übungen sollen Ihnen helfen, das zu vertiefen, was Sie gerade in diesem Kapitel gelernt haben. Versuchen Sie, jedes einzelne Bild Schritt für Schritt mit einem neuen oder vorhandenen Bild in Photoshop zu vervollständigen.

Übung 1: Neuanordnen eines Fotolayouts

Ziel: Verwenden des **Verschieben-Werkzeugs**

Öffnen Sie ein beliebiges Bild und duplizieren Sie die Ebene (Strg + J / Cmd + J).

Verschieben Sie die duplizierte Ebene mit dem Verschieben-Werkzeug leicht aus der Mitte.

Aktivieren Sie "Transformationssteuerelemente anzeigen" und versuchen Sie, die Größe zu ändern oder zu drehen.

☑ *Was Sie geübt haben:* Verschieben, Duplizieren und Transformieren von Ebenen.

■ Übung 2: Rahmung mit dem Auswahlrechteck-Werkzeug

Ziel: Verwenden des **rechteckigen Auswahlrahmens**

Erstellen Sie ein neues leeres Dokument.

Zeichnen Sie ein Rechteck mit dem Auswahlrechteck-Werkzeug.

Füllen Sie es mit einer Farbe (Bearbeiten > Füllen oder verwenden Sie den Farbeimer).

Deaktivieren Sie (Strg + D / Cmd + D) und erstellen Sie daneben eine weitere Form.

☑ *Was Sie geübt haben*: Auswahl treffen und ausfüllen.

✂ Übung 3: Schneiden mit Lasso-Werkzeugen

Ziel: Verwenden Sie **Lasso- und magnetische Lasso-Werkzeuge**

Öffnen Sie ein Bild mit einem bestimmten Objekt (z. B. einer Person oder einem Gegenstand).

Verwenden Sie das Lasso-Werkzeug, um manuell um das Objekt herum zu zeichnen.

Probieren Sie das magnetische Lasso aus, um entlang von Kanten zu schnappen.

Drücken Sie die Entf- oder Maskierungstaste.

☑ *Was Sie geübt haben:* Manuelle und kantenorientierte Auswahl.

🎯 Übung 4: Auswählen mit dem Schnellauswahlwerkzeug

Ziel: Isolieren eines Objekts mithilfe der **Schnellauswahl**

Verwenden Sie das Schnellauswahlwerkzeug, um einen Hintergrund hervorzuheben.

Verfeinern Sie die Kante mit "Auswählen und maskieren", um die Auswahl zu glätten.

Ersetzen Sie den Hintergrund durch ein neues Bild oder eine Volltonfarbe.

☑ *Was Sie geübt haben:* Intelligente Auswahl und Maskierung.

◺ Übung 5: Zuschneiden und Begradigen

Ziel: Verwenden des **Freistellungswerkzeugs**

Öffnen Sie ein leicht geneigtes Bild.

Verwenden Sie das Freistellungswerkzeug und richten Sie es mit der Winkellinie aus.

Wenden Sie den Zuschnitt an und exportieren Sie ihn.

☑ *Was Sie geübt haben:* Zuschnittsanpassungen und Fotokorrektur.

Übung 6: Malen und Radieren

Ziel: Verwenden von **Pinsel- und Radiergummi-Werkzeugen**

Erstellen Sie eine neue Ebene.

Wählen Sie einen weichen Pinsel aus und malen Sie einen hellen Verlauf über die Leinwand.

Verwenden Sie das Radiergummi-Werkzeug mit unterschiedlichen Härteeinstellungen, um Teile davon zu entfernen.

☑ Was *du praktiziert hast*: Mehrschichtige Mal- und Radiertechniken.

✐ Übung 7: Erstellen eines Hintergrunds mit Farbverlauf

Ziel: Verwenden Sie das **Verlaufswerkzeug**

Erstellen Sie ein neues Dokument.

Wenden Sie einen Farbverlauf von Blau zu Lila diagonal über die Leinwand an.

Fügen Sie mit dem Modus "Radialer Verlauf" einen kreisförmigen Verlauf in der Mitte hinzu.

☑ Was *Sie geübt haben*: Anpassen von Farbverläufen.

🔡 Übung 8: Hinzufügen von Text und Formen

Ziel: Verwenden von **Text- und Formwerkzeugen**

Verwenden Sie das Textwerkzeug, um Ihren Namen fett zu schreiben.

Fügen Sie darunter eine Form hinzu (z. B. ein Rechteck oder ein benutzerdefiniertes Banner).

Ändern Sie Farben, Konturen oder wenden Sie Effekte über das Eigenschaftenbedienfeld an.

☑ *Was Sie geübt haben*: Kombinieren von Text und Vektorformen in einem Layout.

Kapitel 3: Arbeiten mit Ebenen

Ebenen sind die Grundlage eines jeden Photoshop-Projekts. Stellen Sie sie sich wie transparente Blätter vor, die übereinander gestapelt sind und jeweils einen anderen Teil Ihres Bildes enthalten. Wenn Sie wissen, wie Sie mit ihnen arbeiten, haben Sie die volle kreative Kontrolle.

Ebenen und Ebenenmasken verstehen

Was ist ein Layer?

Eine **Ebene** ist eine einzelne Ebene in einer Photoshop-Datei, die ein einzelnes Element enthält, d. h. ein Bild, einen Text, eine Form oder eine Anpassung. Sie können jede Ebene verschieben, bearbeiten, ausblenden oder löschen, ohne dass sich dies auf die anderen auswirkt.

Beispiel: Ein Flyer-Design kann eine Ebene für den Hintergrund, eine weitere für ein Logo und separate Ebenen für Text und Symbole haben.

Arten von Schichten

- **Bildebenen**: Normale pixelbasierte Bilder.
- **Textebenen**: Werden mit dem Textwerkzeug erstellt.
- **Einstellungsebenen**: Nicht-destruktive Bearbeitungen wie Helligkeit, Farbton usw.
- **Füllebenen**: Volltonfarben, Farbverläufe oder Muster.

Was ist eine Ebenenmaske?

Mit einer **Ebenenmaske** können Sie Teile einer Ebene ein- oder ausblenden, *ohne* *etwas dauerhaft zu löschen.* Es ist eine nicht-destruktive Art der Bearbeitung.

- **Weiß** auf einer Maske = zeigt die Ebene
- **Schwarz** = blendet die Ebene aus
- **Grau** = teilweise Transparenz

🧠 **Anwendungsfall**: Verwenden Sie einen weichen schwarzen Pinsel auf einer Ebenenmaske, um ein Bild allmählich in den Hintergrund zu rücken.

🔧 **So fügen Sie eine Ebenenmaske hinzu:**

1. Wählen Sie die Ebene aus.
2. Klicken Sie auf die **Schaltfläche "Ebenenmaske hinzufügen"** am unteren Rand des Ebenenbedienfelds.
3. Malen Sie mit Schwarz oder Weiß, um die Sichtbarkeit zu steuern.

Ebenengruppen und Smartobjekte

Layer-Gruppen

Ebenengruppen helfen Ihnen, den Überblick zu behalten, insbesondere wenn Sie an komplexen Projekten mit vielen Elementen arbeiten.

- So erstellen Sie eine Gruppe: Wählen Sie mehrere Ebenen aus und drücken Sie **dann Strg + G / Cmd + G.**
- Sie können die Gruppe benennen (z. B. "Kopfbereich" oder "Symbole"), um die Navigation zu erleichtern.
- Gruppen können auch ihre eigenen Masken und Effekte haben.

Anwendungsfall: Gruppieren Sie alle Textebenen in einem Social-Media-Post-Layout, um sie als eine zu verwalten.

Intelligente Objekte

Ein **Smartobjekt** ist eine spezielle Art von Ebene, die den ursprünglichen Inhalt beibehält, unabhängig davon, wie oft Sie die Größe ändern oder transformieren.

Hauptvorteile:

- Nicht-destruktive Bearbeitung
- Skalierbar ohne Qualitätsverlust
- Filter, die auf Smartobjekte angewendet werden, können jederzeit bearbeitet oder entfernt werden

⚒ So konvertieren Sie eine Ebene in ein Smart-Objekt:

- Klicken Sie mit der rechten Maustaste auf die Ebene > **In Smartobjekt konvertieren**

💬 **Anwendungsfall**: Sie ändern die Größe eines Logos mehrmals, während Sie eine Broschüre entwerfen. Wenn Sie es zu einem Smartobjekt machen, wird Verzerrung vermieden.

Mischmodi und Deckkraft

Mischmodi

Mischmodi steuern, wie eine Ebene mit den darunter liegenden Ebenen interagiert. Sie befinden sich oben im Ebenenbedienfeld (Standard ist "Normal").

Modus	Beschreibung
Multiplizieren	Verdunkelt das Bild durch Multiplizieren der Farbwerte
Bildschirm	Hellt das Bild durch Invertieren und Multiplizieren auf
Overlay	Kombiniert Multiplizieren und Rastern für Kontrasteffekte

Modus	Beschreibung
Weiches Licht	Sanfter Kontrast und Farbmischung
Farbe	Wendet Farbe an, während die Helligkeit der darunter liegenden Ebene erhalten bleibt

Anwendungsfall: Verwenden Sie den Overlay-Modus, um Textur- oder Lichteffekte hinzuzufügen, ohne das Basisbild zu verbergen.

Deckkraft und Füllung

- **Deckkraft**: Steuert die Transparenz der gesamten Ebene (0 % = unsichtbar, 100 % = vollständig sichtbar).

54

- **Füllung**: Ähnlich wie Deckkraft, wirkt sich aber nicht auf Ebenenstile (z. B. Tiefen, Striche) aus.

🗨 **Beispiel**: Verringern Sie die Deckkraft einer Fotoebene, um sie sanft in den Hintergrund zu verblenden, oder reduzieren Sie die Füllung, während ein Schlagschatten vollständig sichtbar bleibt.

Übungsübungen:

📶 Übung 1: Stapeln und Organisieren

Ziel: Grundlegendes Layering verstehen

Erstellen Sie ein Dokument mit 3 Bildern.

Platzieren Sie jedes auf einer separaten Ebene.

Ordnen Sie ihre Reihenfolge neu an, und benennen Sie sie um (z. B. Hintergrund, Vordergrund, Überlagerung).

☑ *Sie haben geübt*: Layer-Stacking und Naming.

🎭 Übung 2: Verwenden einer Ebenenmaske

Ziel: Nicht-destruktives Verstecken

Füge ein Foto zu deiner Leinwand hinzu.

Wenden Sie eine Ebenenmaske an.

Verwenden Sie einen schwarzen Pinsel, um die Hälfte des Bildes auszublenden.

Wechseln Sie zu Weiß, um Teile zurückzubringen.

☑ *Sie haben geübt*: Grundlegende Ebenenmaskierung.

📦 Übung 3: Skalieren von Smartobjekten

Ziel: Größenänderung ohne Qualitätsverlust

Importieren Sie ein Logo oder eine Form.

Konvertieren Sie es in ein Smartobjekt.

Verkleinern Sie die Größe und skalieren Sie sie dann wieder hoch.

Beachten Sie den Unterschied zwischen der Deutlichkeit und einer gerasterten Version.

☑ *Sie haben geübt*: Verwenden von Smartobjekten.

🧺 Übung 4: Erstellen einer Layer-Gruppe

Ziel: Ebenen organisieren

Fügen Sie Text, eine Form und ein Symbol hinzu.

Gruppieren Sie sie in einem Ordner mit dem Namen "Header Elements".

Blenden Sie die Gruppe aus, oder sperren Sie sie, um die Steuerung zu testen.

☑   *Sie*   *haben*   *praktiziert:* Schichtenorganisation.

🎨 Übung 5: Erkunden von Mischmodi

Ziel: Sehen Sie, wie das Überblenden die Interaktion zwischen Ebenen verändert

Platzieren Sie eine Grunge-Textur über einem Foto.

Wechseln Sie zwischen Mischmodi wie Multiplizieren, Überlagern und weiches Licht.

Passen Sie die Deckkraft an, um subtile Effekte zu erzielen.

☑ *Du hast geübt*: Mischen kreativ einsetzen.

Kapitel 4: Farb- und Bildanpassungen

Photoshop bietet leistungsstarke Werkzeuge zur Steuerung von Farbe und Ton – ganz gleich, ob Sie ein Foto hervorheben, ein langweiliges Bild korrigieren oder Ihr Design für eine kreative Wirkung stilisieren.

Arbeiten mit Farbmodi

Farbmodi definieren, wie Farben in Ihrem Projekt dargestellt und angezeigt werden. Die Wahl des richtigen Modus ist für Print- und Digitalprojekte unerlässlich.

Allgemeine Farbmodi

Modus	Beschreibung	Anwendungsfall
RGB (Rot, Grün, Blau)	Bildschirmbasierte Farben	Webdesign, Social-Media-Grafiken
CMYK (Cyan, Magenta, Gelb, Schwarz)	Druckbasierte Farben	Poster, Broschüren, Visitenkarten
Graustufen	Grautöne, keine Farbe	Künstlerische Bearbeitungen, monochrome Drucke

Modus	Beschreibung	Anwendungsfall
Labor-Farbe	Basierend auf der menschlichen Sehwahrnehmung	Erweiterte Farbbearbeitung

🗨 **Tipp**: Bleiben Sie bei digitaler Arbeit immer bei **RGB**. Konvertieren Sie für den Druck **vor dem Exportieren in** CMYK.

So ändern Sie den Farbmodus:

Bild- > Modus > [Modus auswählen]

⚠ **Hinweis**: Einige Filter und Werkzeuge sind im CMYK- oder Graustufenmodus nicht verfügbar.

Anpassen von Helligkeit, Kontrast, Farbton und Sättigung

Dies sind grundlegende, aber wesentliche Anpassungen, die das Erscheinungsbild eines Bildes dramatisch verbessern können.

Helligkeit/Kontrast

- **Die Helligkeit** wirkt sich auf die allgemeine Helligkeit oder Dunkelheit aus.

- **Der Kontrast** beeinflusst die Differenz zwischen hellen und dunklen Bereichen.

Zugriff über: **Bild- > Einstellungen > Helligkeit/Kontrast**

Anwendungsfall: Korrigieren von unterbelichteten oder flach aussehenden Fotos.

Farbton/Sättigung

- **Der Farbton** verschiebt den gesamten Farbton (z. B. von Blau zu Grün).

- **Die Sättigung** steuert die Intensität der Farbe (niedrig = gedämpft, hoch = lebendig).

- **Die Helligkeit** beeinflusst die Helligkeit, ohne den Kontrast zu verändern.

Zugriff über: **Bild- > Anpassungen > Farbton/Sättigung**

💬 *Anwendungsfall*: Den Himmel blauer, die Lippen röter oder entsättigend machen, um einen kinoreifen Look zu erzielen.

Verwenden von Einstellungsebenen

Einstellungsebenen sind **nicht destruktiv**, d. h., sie verändern Ihr Bild nicht dauerhaft. Sie können sie jederzeit bearbeiten oder entfernen.

Gemeinsame Einstellungsebenen:

- **Helligkeit/Kontrast**

- **Tonwertkorrektur** – Feinabstimmung von Schatten, Mitteltönen und Lichtern

- **Kurven** – Bietet eine präzise Klangregelung

- **Farbton/Sättigung**

- **Farbbalance** – Passt Tiefen, Mitteltöne und Lichter separat an

- **Schwarzweiß** – Wandelt Farbe in Graustufen mit voller Kontrolle um

Hinzufügen über: **Ebene > Neue Einstellungsebene** oder verwenden Sie das **Anpassungsbedienfeld**

Bonus-Tipp: Verwenden Sie Schnittmasken mit Einstellungsebenen, um den Effekt nur auf eine bestimmte Ebene anzuwenden (klicken Sie mit der rechten Maustaste auf die Anpassung > **Schnittmaske erstellen**).

Schwarz-Weiß-Konvertierungen

Schwarzweiß ist mehr als nur das Entfernen von Farbe. Photoshop gibt Ihnen die volle Kontrolle darüber, wie jede Farbe in Grau übersetzt wird, und macht Ihr Bild dramatischer oder ausgewogener.

Methoden zur Konvertierung in Schwarzweiß:

1. **Schwarz-Weiß-Einstellungsebene** – Beste Methode

   ○ Passen Sie an, wie Rot-, Blau- und andere Farben in Graustufen angezeigt werden.

   ○ Option zum Abtönen mit Farbe (z. B. Sepiaton).

2. **Entsättigung** (*Bild->-Anpassungen > Entsättigen*) – Schnell, aber ohne Kontrolle.

3. **In Graustufenmodus konvertieren** – Permanent und nicht bearbeitbar. Mit Vorsicht verwenden.

🗨 *Anwendungsfall*: Umwandlung von Porträts in stimmungsvolle, kontrastreiche Schwarz-Weiß-Bilder.

Praktische Übungen

🎨 Übung 1: Korrigieren eines dunklen Fotos

Ziel: Helligkeit/Kontrast verwenden

Öffnen Sie ein Foto mit schlechter Beleuchtung.

Wenden Sie eine Einstellungsebene für Helligkeit/Kontrast an.

Passen Sie die Einstellungen an, bis das Bild gut beleuchtet, aber natürlich aussieht.

☑ *Sie haben geübt*: Belichtung korrigieren.

🌈 Übung 2: Ändern der Farbintensität

Ziel: Farbton/Sättigung verwenden

Öffnen Sie ein Landschaftsfoto.

Erhöhen Sie die Sättigung, um die Farben lebendig zu machen.

Ändern Sie den Farbton leicht, um die Farbpalette zu verschieben.

☑ *Sie haben geübt:* Das Verbessern der Lebendigkeit und das Erforschen von Farbtönen.

🖋 Übung 3: Gezielte Anpassungen mit Kurven

Ziel: Einstellungsebene "Kurven" verwenden

Fügen Sie eine Kurvenebene hinzu.

Erstellen Sie eine S-förmige Kurve, um den Kontrast zu erhöhen.

Beobachten Sie, wie sich Lichter und Schatten in Echtzeit ändern.

☑ *Sie haben geübt*: Tonwertkorrektur mit fortschrittlichen Werkzeugen.

🖼 Übung 4: Konvertieren eines Porträts in Schwarzweiß

Ziel: Schwarz-Weiß-Einstellungsebene verwenden

Öffnen Sie ein Farbporträt.

Fügen Sie eine Schwarz-Weiß-Ebene hinzu und passen Sie jeden Farbregler an.

Tönen Sie das Bild mit einem sanften Braunton.

☑ *Sie haben praktiziert*: Zerstörungsfreie Schwarz-Weiß-Konvertierung mit kreativer Steuerung.

📎 Übung 5: Anwendung der Schnittmaske

Ziel: Verwenden von Schnittmasken mit Einstellungsebenen

Platzieren Sie ein Foto über einem Hintergrund.

Fügen Sie eine Einstellungsebene für Farbton/Sättigung hinzu.

Klicken Sie mit der rechten Maustaste auf > Schnittmaske erstellen, um sie nur auf das Foto anzuwenden.

☑ *Sie haben geübt:* Isolieren von Anpassungen auf bestimmte Ebenen.

Kapitel 5: Fotobearbeitung und -retusche

Retusche ist die Kunst, ein Foto zu verfeinern, ohne es unnatürlich aussehen zu lassen. Ganz gleich, ob Sie einen Schönheitsfehler entfernen, Licht mit Abwedeln und Nachbelichten modellieren oder die leistungsstarken KI-Tools von Photoshop verwenden, diese Techniken können ein gutes Bild in ein poliertes Meisterwerk verwandeln.

Entfernen von Fehlern und Objekten

Photoshop bietet mehrere **inhaltsbasierte Werkzeuge** , mit denen punktuelle

Korrekturen fast mühelos durchgeführt werden können.

Fleckenreparatur-Pinsel-Werkzeug (J)

- Nimmt automatisch Samples von umgebenden Pixeln auf, um Hautunreinheiten, Staub und kleine Ablenkungen zu beheben.
- Funktioniert hervorragend auf Haut, Stoff und Hintergründen.

Anwendungsfall: Entfernen Sie sofort einen Pickel oder eine Falte aus einem Porträt.

Reparatur-Pinsel-Werkzeug

- Ähnlich wie bei Spot Healing, aber Sie wählen den Quellbereich manuell aus, indem Sie bei gedrückter Alt-Taste klicken.
- Bietet mehr Kontrolle für komplexe Texturen.

🧠 *Anwendungsfall*: Fixieren von Haut mit feinen Texturen wie Poren oder Make-up.

Patch-Werkzeug

- Hier können Sie einen zu ersetzenden Bereich auswählen und über einen sauberen Bereich ziehen.
- Am besten zum Entfernen größerer Objekte oder Muster (z. B. Falten, Drähte).

Befindet sich in derselben Werkzeuggruppe wie Spot Healing (halten Sie das Symbol gedrückt und klicken Sie darauf, um auf alle zuzugreifen).

Frequenztrennung (erweiterte Hautretusche)

Die Frequenztrennung ist eine Technik, mit der **Textur** von **Farbe/Ton getrennt wird** , sodass Sie sie unabhängig voneinander bearbeiten können.

So funktioniert's:

- Die **niederfrequente Schicht** enthält farbige und glatte Bereiche.
- Die **hochfrequente Schicht** enthält feine Details wie Poren oder Haare.

Dies ermöglicht eine Hautglättung, *ohne* die natürlichen Texturen zu verwischen.

💬 *Anwendungsfall*: Gleicht den Hautton aus und korrigiert Flecken, ohne die Gesichtsdetails zu beeinträchtigen.

⚠️ Diese Technik erfordert das Duplizieren von Ebenen, das Anwenden von Filtern (Gaußscher Weichzeichner, Hochpass) und die Verwendung von Pinseln oder Mischern. Am besten geeignet für fortgeschrittene Benutzer.

Ausweich- und Nachbelichtungstechniken

Ausweichen hellt Bereiche auf, während **Brennen** sie dunkler macht. Zusammen formen sie das Bild, um Tiefe, Kontrast und Betonung hinzuzufügen.

Werkzeuge:

- **Abwedelwerkzeug (O):** Helllichter, Mitteltöne oder Schatten werden aufgehellt.
- **Nachbelichtungswerkzeug (O):** Dunkelt ausgewählte Töne ab.

🗨 *Anwendungsfall:* Aufhellen Sie die Augenpartie oder definieren Sie die Wangenknochen in einem Porträt.

Zerstörungsfreies Abwedeln und Nachbelichten:

1. Erstellen Sie eine neue Ebene, die mit **50 % Grau** gefüllt ist.

2. Legen Sie den Füllmodus der Ebene auf **Überlagern** fest.

3. Verwenden Sie einen weichen Pinsel mit geringer Deckkraft (weiß = abwedeln, schwarz = nachbrennen).

KI-basierte Funktionen (Generative Füllung, neuronale Filter usw.)

Photoshop 2025 hat die Grenzen mit leistungsstarken **KI-Verbesserungen verschoben** , die Zeit sparen und Kreativität freisetzen.

Generative Füllung

- Mit dieser Funktion von Adobe Firefly können Sie Bildinhalte mithilfe von Texteingaben hinzufügen, entfernen oder erweitern.
- Funktioniert nahtlos mit Auswahlen.

🗨 *Anwendungsfall*: Wählen Sie den Himmel aus und geben Sie "Sonnenuntergang mit Wolken" ein, um ihn sofort zu ersetzen.

Verfügbar über **Rechtsklick > Generative Füllung** , nachdem Sie eine Auswahl getroffen haben.

Neuronale Filter

- KI-gestützte Filter für Aufgaben wie Hautglättung, Färbung, Veränderung des Gesichtsausdrucks und Tiefenschärfesimulation.

- Die meisten lassen sich mit einem Klick auftragen und zerstörungsfrei anpassen.

So greifen Sie zu:

Filter > Neuronale Filter

Beliebte Optionen sind:

- **Hautglättung**
- **Intelligentes Porträt**
- **Stil-Transfer**
- **Restaurierung von Fotos**

Anwendungsfall: Glätten Sie die Haut, ändern Sie das Alter oder die Blickrichtung in einem Porträt oder stellen Sie alte Fotos wieder her.

Praktische Übungen

🎯 Übung 1: Spot Healing Cleanup

Ziel: Kleinere Schönheitsfehler entfernen

Öffnen Sie ein Porträtfoto.

Verwenden Sie den Spot Healing Brush, um 3–5 Hautunreinheiten oder Ablenkungen zu entfernen.

Vergrößern Sie die Ansicht, um die Qualität der Überblendung zu überprüfen.

☑ *Sie haben geübt*: Schnelle Retusche mit inhaltsorientierten Tools.

✂ Übung 2: Entfernen eines Objekts mit dem Ausbessern-Werkzeug

Ziel: Entfernen größerer Elemente

Wählen Sie ein unerwünschtes Objekt aus (z. B. Draht oder Logo).

Ziehen Sie die Auswahl mit dem Ausbesserungswerkzeug über einen sauberen Hintergrundbereich.

☑ *Sie haben geübt: Saubere* Objektentfernung mit Texturabgleich.

🖌 Übung 3: Durchführen der Frequenztrennung

Ziel: Fortgeschrittene Hautretusche

Duplizieren Sie die Hochformatebene zweimal.

Wenden Sie Gaußscher Weichzeichner auf eine (niedrige Frequenz) und Hochpass auf die andere (hohe Frequenz) an.

Verwenden Sie einen weichen Pinsel oder Mischpinsel, um den Ton auszugleichen und gleichzeitig die Textur zu erhalten.

☑ *Sie haben geübt*: Ebenenbasierte Hautbearbeitung.

⬡ Übung 4: Aufhellen und Abdunkeln mit Dodge & Burn

Ziel: Tiefe und Struktur hinzufügen

Erstellen Sie eine Überlagerungsebene mit 50 % Grau.

Verwenden Sie das Abwedelwerkzeug, um Augen oder Stirn aufzuhellen.

Verwenden Sie das Nachbelichtungswerkzeug, um Schatten auf die Kieferlinie oder die Haarränder zu legen.

☑ *Sie haben praktiziert*: Manuelles Lichtmodellieren.

🤖 Übung 5: Verwenden von "Generative Füllung"

Ziel: Verbessern oder ersetzen eines Teils eines Bildes

Wählen Sie den Himmel oder ein Hintergrundelement aus.

Öffnen Sie das **Menü "Generative Füllung"** und geben Sie eine kreative Eingabeaufforderung ein (z. B. "Skyline einer Stadt bei Nacht").

Wählen Sie aus KI-generierten Optionen.

☑ *Sie haben geübt*: KI-gestützte Bildersetzung.

Übung 6: Anwenden eines neuronalen Filters

Ziel: Mit KI ein Porträt verbessern

Filter öffnen **> Neuronale Filter**

Hautglättung **oder** intelligentes Porträt **aktivieren**

Optimieren Sie die Schieberegler und beobachten Sie den Vorher/Nachher-Effekt.

☑ *Sie haben geübt*: Intelligente Anpassungen mit einem Klick.

Kapitel 6: Auswahl & Maskierung

In Photoshop sind *Auswahlen* und *Masken* *unverzichtbare Werkzeuge* für eine präzise Bearbeitung. Sie ermöglichen es Ihnen, bestimmte Bereiche eines Bildes zu isolieren, um Änderungen anzuwenden – ohne den Rest des Bildes zu beeinflussen. Egal, ob Sie ein Motiv ausschneiden, Hintergründe austauschen oder mehrere Bilder zu einem Bild überblenden möchten, mit Auswahlen und Masken können Sie auf Pixelebene steuern, was sichtbar und bearbeitbar ist.

Genaue Auswahl treffen

Photoshop bietet eine große Auswahl an Auswahlwerkzeugen. Jedes ist für verschiedene Arten von Aufgaben geeignet. Das Ziel einer Auswahl besteht darin, einen Teil des Bildes zu isolieren, sodass Sie nur diesen Bereich bearbeiten, kopieren, löschen oder Effekte auf diesen Bereich anwenden können.

◆ **Werkzeuge zur Schlüsselauswahl:**

Werkzeug	Am besten geeignet für
Rechteckiges/elliptisches Auswahlwerkzeug	Auswahl geometrischer Formen

Werkzeug	Am besten geeignet für
	(Kästchen, Kreise)
Lasso-Werkzeug	Freihandauswahl mit manueller Präzision
Polygonales Lasso-Werkzeug	Auswählen von Objekten mit geraden Kanten
Magnetisches Lasso-Werkzeug	Auswählen von Objekten mit klar definierten Kanten

Werkzeug	Am besten geeignet für
Schnellauswahl-Werkzeug (W)	Intelligenter Pinsel, der die Auswahl beim Ziehen erweitert
Objektauswahl-Werkzeug (Photoshop 2025)	KI-gestützt; Erkennt und wählt Objekte automatisch mit einem Klick aus

So treffen Sie eine grundlegende Auswahl:

1. Wählen Sie das Werkzeug aus (z. B. Schnellauswahl-Werkzeug).

2. Klicken Sie auf das Objekt und ziehen Sie es darüber.

3. Photoshop rastet die Auswahl automatisch an den Kanten ein.

4. Verwenden Sie die Umschalttaste, um der Auswahl etwas hinzuzufügen, oder die Alt-/Wahltaste, um zu subtrahieren.

5. Drücken Sie Strg+J / Cmd+J, um die Auswahl bei Bedarf auf eine neue Ebene zu kopieren.

🗨 **Tipp**: Verwenden Sie eine weiche Kante (weiche Auswahl) für die Überblendung und eine harte Kante, wenn Sie Präzision benötigen.

Der Arbeitsbereich "Auswählen und maskieren"

"Auswählen und maskieren" ist ein spezieller Arbeitsbereich zum Verfeinern Ihrer Auswahl. Es ist besonders nützlich für knifflige Bereiche wie Haare, Fell oder halbtransparente Stoffe.

◆ **Zugriff darauf:**

- Nachdem Sie eine Auswahl getroffen haben, gehen Sie zu **Auswählen > Auswählen und maskieren**
- Oder klicken Sie in **der oberen Symbolleiste auf Auswählen und maskieren**, wenn Sie ein Auswahlwerkzeug verwenden

◆ **Hauptmerkmale:**

- **Ansichtsmodi**: Zeigen Sie Ihre Auswahl auf schwarzen, weißen, transparenten oder originellen Hintergründen an

- **Kantenverfeinerungspinsel**: Malen Sie um Kanten herum (z. B. Haare), damit Photoshop die Auswahl automatisch verfeinern kann

- **Globale Verfeinerungen**:
  - **Glatt** – Weicht gezackte Kanten auf
  - **Weiche Kante** – Weichert die Auswahlbegrenzung
  - **Kontrast** – Schärft die Kante
  - **Kante verschieben** – Erweitert oder verkleinert die Auswahl

- **Ausgabe nach**: Wählen Sie aus, ob die Auswahl als Maske, als neue Ebene oder als neue Datei angewendet werden soll

💬 **Profi-Tipp**: Verwenden Sie die Ansichten "Auf Schwarz" oder "Auf Weiß", wenn Sie mit Haaren arbeiten – fehlende Kanten und Lichthöfe werden deutlich angezeigt.

Haar- und Kantenverfeinerung

Früher war die Auswahl von Haaren mühsam – vor allem vor komplexen Hintergründen. Photoshop 2025 hat es mit verbesserten KI-Tools einfacher gemacht.

◆ **Schritte zur richtigen Auswahl der Haare:**

1. Verwenden Sie **das Objektauswahlwerkzeug** oder das **Schnellauswahlwerkzeug**, um eine erste Motivauswahl zu treffen.

2. Klicken Sie auf **Auswählen und maskieren**.

3. Klicken Sie im rechten Bereich auf **"Haar verfeinern"**.

4. Verwenden Sie das **Kantenverfeinerungspinsel-Werkzeug** , um Bereiche um den Haaransatz herum manuell zu bereinigen.

5. Passen Sie **"Weiche Kante"**, **"Kontrast"** und **"Kante verschieben"** an, um den Übergang weicher oder schärfer zu machen.

6. Geben Sie das Ergebnis als **Ebenenmaske** aus.

🗨 **Warum Ebenenmaske?**

Da es nicht destruktiv ist, können Sie die

Sichtbarkeit des Ausschnitts bearbeiten, ohne etwas dauerhaft zu löschen.

Compositing-Techniken

Compositing bedeutet, mehrere Bilder zu kombinieren, um ein nahtloses Design zu erstellen. Dies kann das Platzieren eines Modells in einem neuen Hintergrund oder das Kombinieren von Objekten zu einer surrealen Szene sein. Saubere Auswahlen und Masken sind die Grundlage für glaubwürdige Kompositionen.

◆ **Schritte für ein einfaches Komposit:**

1. **Öffnen Sie zwei Bilder** (z. B. ein Hoch- und einen Querformat-Hintergrund).

2. **Wählen Sie das Motiv** aus dem Porträt mit der Objektauswahl aus.

3. **Verfeinern Sie die Auswahl** mit Auswählen und maskieren.

4. **Geben Sie eine Ebenenmaske aus** und ziehen Sie das Motiv in den neuen Hintergrund.

5. **Passen Sie Beleuchtung und Farbe** mithilfe von Einstellungsebenen ("Kurven", "Farbbalance" oder "Farbe anpassen") an.

6. **Fügen Sie Schatten** mit einem weichen schwarzen Pinsel auf einer neuen Ebene hinzu, die auf **Multiplizieren** eingestellt ist.

Mischtipp: Verwenden Sie eine subtile Unschärfe (Filter > Unschärfe > Gaußscher Weichzeichner) an den maskierten Kanten, um den Übergang weicher zu machen und harte Ausschnitte zu vermeiden.

Praktische Übungen

Übung 1: Auswählen eines einfachen Objekts

Ziel: Beherrschen Sie die grundlegenden Auswahlwerkzeuge

Öffnen Sie ein Bild eines durchsichtigen Objekts (z. B. einer Tasse, eines Balls oder eines Logos).

Verwenden Sie das **Objektauswahlwerkzeug**, um das Objekt zu isolieren.

Verschieben Sie es in eine leere Arbeitsfläche.

☑ *Was Sie geübt haben*: Objektbasierte KI-Auswahl

Übung 2: Wählen Sie ein Motiv mit Haaren aus

Ziel: Auswählen und maskieren verwenden

Öffnen Sie ein Porträt mit fliegenden Haaren.

Verwenden Sie das **Schnellauswahlwerkzeug** , um das Motiv auszuwählen.

Öffnen Sie **"Auswählen und maskieren"**, klicken Sie auf **"Haar verfeinern"** und verwenden Sie das **Kantenverfeinerungspinsel-Werkzeug** , um die Bereinigung vorzunehmen.

☑ *Was du geübt hast*: Haarauswahl und weiche Kanten

Übung 3: Erstellen eines einfachen Komposits

Ziel: Zwei Bilder auf natürliche Weise kombinieren

Schneiden Sie ein Motiv aus und platzieren Sie es in einem neuen Hintergrund.

Passen Sie die Beleuchtung mit **Kurven** oder **Farbbalance an**.

Fügen Sie einen weichen Schatten unter dem Motiv hinzu, indem Sie eine neue Ebene + einen weichen Pinsel verwenden.

☑ *Was du geübt hast*: Compositing mit Licht und Realismus

Übung 4: Manuelles Maskieren für das Blending

Ziel: Individuelle Maskenbemalung

Fügen Sie einem beliebigen Foto eine Ebenenmaske hinzu.

Verwenden Sie einen weichen schwarzen Pinsel, um Teile des Bildes auszublenden.

Wechsle zu Weiß, um sie nach und nach zurückzubringen.

☑ *Was du geübt hast*: Praktisches Verblenden mit Masken

Kapitel 7: Filter, Effekte und Stile

Photoshop eignet sich nicht nur für Fotokorrekturen, sondern ist auch ein leistungsstarker Motor für die kreative Transformation. Ganz gleich, ob Sie Bilder stilisieren, dramatische Effekte hinzufügen oder Text und Objekten ein einzigartiges Flair verleihen , **Filter, Effekte und Ebenenstile** helfen Ihnen, Ihr Design über die Grundlagen hinaus zu verbessern.

Verwenden von integrierten Filtern

Filter wenden vordefinierte Effekte auf ein Bild oder eine Auswahl an. Photoshop enthält eine umfangreiche Bibliothek mit integrierten Filtern zum Erstellen von Texturen, Verzerrungen, stilisierten Looks und mehr.

- So greifen Sie auf Filter zu:

  - Gehen Sie zum **oberen Menü** und klicken Sie auf **Filter**
  - Filter werden unter Kategorien wie den folgenden gruppiert:
    - **Unschärfe** (Gaußscher Weichzeichner, Linsenunschärfe)
    - **Verzerren** (Wirbel, Welligkeit, Welle)
    - **Lärm** (Rauschen, Staub und Kratzer hinzufügen)
    - **Scharfzeichnen** (Unscharf maskieren, Intelligentes Schärfen)

- Stilisieren (Prägen, Ölfarbe)
- Rendern (Wolken, Lens Flare)

◆ **Beliebte Filter erklärt:**

Filter	Anwendungsfall
Gaußsche Unschärfe	Macht Bilder weicher oder blendet Kanten aus (ideal für Hintergrundunschärfe)
Intelligentes Schärfen	Verbessert Details und Klarheit
Ölfarbe	Verleiht Bildern einen stilisierten, malerischen Look
Blendenfleck	Fügt Lichteffekte für dramatische Wirkung hinzu

Filter	Anwendungsfall
Prägen	Erzeugt einen 3D-gravierten Textureffekt

🗨 **Tipp**: Wenden Sie Filter immer auf **Smartobjekte an** , um sie nicht destruktiv zu bearbeiten – Sie können sie jederzeit anpassen oder entfernen.

Erstellen von benutzerdefinierten Effekten

Neben den integrierten Filtern können Sie Werkzeuge, Mischmodi, Pinsel und Überlagerungen kombinieren, um **benutzerdefinierte Effekte** zu erstellen, wie z. B.:

- Glüht

- Farbkorrektur
- Vintage-/Film-Looks
- Doppelbelichtungen
- Lichtlecks

◆ **Beispiel: Erstellen eines Effekts "Weiches Leuchten"**

1. Duplizieren Sie Ihre Bildebene.
2. **Gaußscher Weichzeichner** anwenden (Radius: 10–20).
3. Ändern Sie den Füllmodus der duplizierten Ebene in **Weiches Licht** oder **Bildschirm.**
4. Passen Sie die **Deckkraft** für einen dezenten oder starken Glanz an.

◆ **Weitere Techniken für benutzerdefinierte Effekte**

- Verwenden Sie **Verlaufs-Maps** , um Farbeffekte anzuwenden.

- Kombinieren Sie **Ebenenmasken + Pinsel,** um mehrere Bilder zu mischen.
- Fügen Sie Überlagerungen hinzu (z. B. Staub-, Nebel- oder Lichttexturen) und legen Sie die **Mischmodi** "Überlagerung" **oder** "Multiplizieren" fest.

🧠 **Profi-Tipp**: Speichern Sie Ihre Effektebenen als **Voreinstellungen oder Aktionen** , damit Sie sie schnell auf zukünftige Projekte anwenden können.

Anwenden von Ebenenstilen

Ebenenstile sind schnelle, vorgefertigte Effekte, die auf jede Ebene (Text, Form oder Bild) angewendet werden. Dazu gehören Schatten, Glühen, Abschrägungen, Striche und mehr.

◆ **So wenden Sie Ebenenstile an:**

- Klicken Sie mit der rechten Maustaste auf eine Ebene > **Mischoptionen**
- Oder klicken Sie auf das **"fx"-Symbol** am unteren Rand des Ebenenbedienfelds

◆ **Allgemeine Ebenenstile:**

Stil	Beschreibung
Schlagschatten	Fügt einen Schatten hinter dem Objekt hinzu und sorgt so für Tiefe
Äußeres Leuchten / Inneres Leuchten	Fügt ein weiches farbiges Licht um oder innerhalb des Objekts hinzu

Stil	Beschreibung
Abschrägen & Prägen	Verleiht einen 3D-erhabenen oder gemeißelten Look
Takt	Fügt einen Umriss um das Objekt hinzu (anpassbare Dicke und Farbe)
Verlaufs- Überlagerung	Füllt die Ebene mit einem Verlaufseffekt

 Anwendungsfall: Verwenden Sie **Strich + Schlagschatten** , um Text über belebten Hintergründen hervorstechen zu lassen, oder wenden Sie **Abschrägung und Prägung** an, um den Schaltflächen ein taktiles Gefühl zu verleihen.

Praktische Übungen

Übung 1: Anwenden eines stilisierten Filters

Ziel: Verwenden eines integrierten Filters

Öffnen Sie ein Porträt oder Foto.

Konvertieren Sie es in ein **Smartobjekt**.

Gehen Sie zu **Filter > > Ölfarbe stilisieren** oder **Filter > Weichzeichner > Gaußscher Weichzeichner**.

Passen Sie die Einstellungen an und sehen Sie sich das Ergebnis an.

☑ *Sie haben praktiziert*: Zerstörungsfreie Filteranwendung.

Übung 2: Erstellen eines Leuchteffekts

Ziel: Verwenden Sie benutzerdefinierte Techniken

Duplizieren Sie eine Fotoebene.

Wenden Sie **Gaußscher Weichzeichner an**.

Ändern Sie den Mischmodus in "**Bildschirm**" oder "**Weiches Licht**".

Verringern Sie die Deckkraft nach Bedarf.

☑ *Sie haben Folgendes praktiziert*: Ebenenüberblendung für visuelle Effekte.

✎ Übung 3: Erstellen eines benutzerdefinierten Lichtlecks

Ziel: Überlagerungen und Füllmethoden verwenden

Importieren Sie ein Lichtleck oder eine Verlaufsüberlagerung.

Legen Sie den Füllmodus der Ebene auf "Überlagern" oder **"Aufhellen"** fest.

Verwenden Sie einen weichen Pinsel + eine Maske, um die Kanten zu verblenden.

☑ *Sie haben geübt*: Kreatives Effekt-Building.

▤ Übung 4: Verwenden von Ebenenformaten für Text

Ziel: Text wie ein grafisches Element formatieren

Erstellen Sie eine Textebene mit Ihrem Namen oder Ausdruck.

Wenden Sie **Schlagschatten-**, **Kontur-** und **Verlaufsüberlagerungen** über **die Mischoptionen** an.

Speichern Sie den Stil bei Bedarf als Vorgabe.

☑ *Sie haben Folgendes geübt*: Anpassen des Erscheinungsbilds von Ebenen mit Soforteffekten.

Kapitel 8: Arbeiten mit Text- und Designprojekten

Photoshop eignet sich nicht nur für Fotos, sondern ist auch eine vollständige Designplattform. Von der Typografie bis zum Layout gibt Ihnen dieses Kapitel die Werkzeuge und das Selbstvertrauen, um auffällige Poster, Social-Media-Grafiken und andere visuelle Inhalte zu erstellen, die klar und professionell kommunizieren.

Typografie-Tools und -Tricks

Text ist mehr als nur Worte – er ist ein Designelement. Mit den Textwerkzeugen von Photoshop können Sie nicht nur kontrollieren, was gesagt wird, sondern auch, wie es sich anfühlt.

◆ **Einfaches Textwerkzeug (T)**

- Klicken Sie auf eine beliebige Stelle auf der Leinwand, um mit der Eingabe zu beginnen.

- Verwenden Sie die **Optionsleiste** oben, um Folgendes festzulegen:

  ○ Schriftart

  ○ Größe

  ○ Farbe

  ○ Ausrichtung

  ○ Stil (fett, kursiv usw.)

Tipp: Halten Sie **Umschalt + Ziehen gedrückt** , um den Text beim Ändern der Größe proportional zu skalieren.

◆ **Absatz- vs. Punkttext**

- **Punkttext**: Klicken und tippen – ideal für Überschriften oder kurze Beschriftungen.

- **Absatztext**: Klicken und ziehen Sie, um ein Textfeld zu erstellen – am besten für längeren Text oder Beschreibungen. Der Text wird innerhalb des Rahmens umgebrochen.

◆ **Zeichen- und Absatzbedienfelder**

Zu finden unter **Fenster > Zeichen** und **Fenster > Absatz**

Werkzeug	Anwendungsfall
Verfolgung	Passt den Abstand zwischen allen Buchstaben an
Unterschneidung	Passt den Abstand zwischen zwei bestimmten Buchstaben an
Führend	Passt den Zeilenabstand an
Alle Kapitälchen / Kapitälchen	Stilisieren von Text mit Großbuchstaben
Ausrichten / Ausrichten	Steuert den Absatzfluss (links, zentriert, rechts,

Werkzeug	Anwendungsfall
	vollständig ausgerichtet)

🧠 *Profi-Tipp*: Kombinieren Sie Text mit **Füllmethoden, Ebenenstilen und Schnittmasken,** um kreative Texteffekte wie metallische, ausgeschnittene oder bildgefüllte Typografie zu erstellen.

Erstellen von Postern, Flyern und Social-Media-Grafiken

Photoshop ermöglicht es Ihnen, mit Absicht zu gestalten, sei es für die Geschäftswerbung, Veranstaltungsplakate oder Social-Media-Engagement.

◆ **Schritte für ein Designprojekt (z. B. Poster oder Social-Media-Grafik):**

1. **Erstellen eines neuen Dokuments**

   ○ Datei > Neu **verwenden**

   ○ Wählen Sie eine voreingestellte Größe aus:

     ▪ Instagram-Beitrag: 1080 x 1080 px

     ▪ Poster (Druck): 11 x 17 Zoll bei 300 DPI

     ▪ Flyer (Web): 1280 x 720 px bei 72 DPI

2. **Hintergrund und Bilder hinzufügen**

   ○ Verwenden Sie **Fotos > Eingebettet platzieren** , um Fotos einzufügen.

- Wenden Sie bei Bedarf Filter oder Unschärfe an, um den Text hervorzuheben.

3. **Hinzufügen von Textelementen**
    - Verwenden Sie klare, lesbare Schriftarten für den Fließtext.
    - Kombinieren Sie fette Schriftarten für Titel mit sauberen Schriftarten für Details.

4. **Verwenden von Ausrichtungswerkzeugen**
    - Aktivieren Sie **"Ansicht" > "An > Hilfslinien ausrichten"**.
    - Verwenden Sie **das Verschieben-Werkzeug + Intelligente Hilfslinien** , um Elemente präzise auszurichten.

5. **Organisieren von Ebenen**

- Benennen Sie Ebenen um und gruppieren Sie sie (z. B. "Kopfzeilentext", "Fotos", "Symbole").
- Verwenden Sie **Einstellungsebenen** , um die Farbe der endgültigen Komposition zu korrigieren.

Exportieren für Print und Web

Sobald Ihr Design fertig ist, stellen Sie durch korrektes Exportieren sicher, dass es überall scharf aussieht.

- **Export für das Web (digitale Nutzung)**

  - Verwendung: **Datei > Exportieren > Exportieren als**
  - Format: **JPEG oder PNG**

- Auflösung: **72 PPI**

- Farbmodus: **RGB**

- Transparenz: PNG unterstützt es; JPEG nicht

🧠 *Verwenden Sie PNG für*: Logos, Grafiken mit transparentem Hintergrund

🧠 *Verwenden Sie JPEG für*: Fotos und vollfarbige Designs

◆ **Für den Druck exportieren**

- Verwendung: **Datei > Speichern unter** oder **Datei > Exportieren > Exportieren als**

- Format: **TIFF, PDF oder hochwertiges JPEG**

- Auflösung: **300 PPI**

- Farbmodus: **CMYK**

Profi-Tipp: Erkundigen Sie sich bei Ihrem Druckdienstleister nach den bevorzugten Format- und Beschnitteinstellungen (normalerweise 0,125 Zoll).

Praktische Übungen

Übung 1: Erstellen eines Social-Media-Beitrags

Ziel: Entwerfen Sie einen Werbe-Instagram-Post

Öffnen Sie ein neues Dokument (1080 x 1080 px, RGB, 72 PPI).

Fügen Sie einen einfarbigen Hintergrund oder einen Verlaufshintergrund hinzu.

Fügen Sie ein Produktbild ein.

Fügen Sie 2-3 Textzeilen hinzu (Überschrift, Subtext, Call-to-Action).

Wenden Sie einen Schlagschatten und einen Strich auf die Überschrift an.

☑ *Was Sie geübt haben*: Ausgewogenes Layout und Textstyling.

📄 Übung 2: Erstellen eines Flyers für eine Veranstaltung

Ziel: Design für den Druck

Erstellen Sie ein neues Dokument (8,5 x 11 Zoll, 300 PPI, CMYK).

Fügen Sie ein Hintergrundbild hinzu.

Erstellen Sie Textblöcke für den Namen des Ereignisses, das Datum, den Ort und die Kontaktinformationen.

Verwenden Sie eine Formebene oder einen Verlauf hinter dem Text, um die Lesbarkeit zu verbessern.

☑ *Was Sie geübt haben*: Posterlayout und drucksicheres Design.

▪abc▪ Übung 3: Anwenden von erweiterter Typografie

Ziel: Anpassen einer Überschrift

Geben Sie mit dem Textwerkzeug eine Überschrift ein.

Passen Sie **Laufweite**, **Zeilenabstand** und **Unterschneidung** im Zeichenbedienfeld an.

Wenden Sie eine **Verlaufsüberlagerung** und einen **Schlagschatten** aus den Ebenenstilen an.

Verwenden Sie **"In Smartobjekt konvertieren"** und wenden Sie **Filter > Unschärfe > Bewegungsunschärfe** an, um einen stilisierten Look zu erzielen.

☑ *Was Sie geübt haben*: Typografische Verfeinerung und Stilisierung von Text.

🔺 Übung 4: Exportieren für Web und Print

Ziel: Erlernen der Dateivorbereitung für verschiedene Plattformen

Exportieren Sie Ihren Social-Media-Beitrag als **JPEG (72 PPI, RGB).**

Exportieren Sie Ihren Flyer als **PDF (300 PPI, CMYK).**

☑ *Was Sie geübt haben*: Korrigieren Sie die Exporteinstellungen für die Praxis.

Kapitel 9: Tipps zu Automatisierung und Produktivität

Egal, ob Sie Hunderte von Fotos bearbeiten oder einfach nur versuchen, Ihren Designprozess zu beschleunigen, Photoshop bietet leistungsstarke Funktionen zur Automatisierung von Aufgaben und zur Steigerung der Produktivität. In diesem Kapitel werden Sie durch **Aktionen**, **Stapelverarbeitung** und **Tastenkombinationen geführt**, die Ihren Arbeitsablauf erheblich optimieren können.

Verwenden von Aktionen

Aktionen sind wie Makros: Sie zeichnen Ihre Schritte in Photoshop auf und ermöglichen es Ihnen, sie sofort wiederzugeben – perfekt für sich wiederholende Bearbeitungen wie Größenänderungen, Wasserzeichen oder das Anwenden eines Signaturstils.

◆ **So erstellen Sie eine Aktion:**

1. Gehen Sie zu **Fenster > Aktionen**, um das Bedienfeld "Aktionen" zu öffnen.
2. Klicken Sie auf das **Symbol +**, um eine neue Aktion zu erstellen.
3. Benenne deine Aktion und klicke auf **Aufzeichnen**.
4. Führen Sie die Schritte aus, die Sie automatisieren möchten (z. B. Bildgröße ändern, Filter anwenden, Speichern).
5. Klicken Sie auf die **Schaltfläche Stopp**, wenn Sie fertig sind.

6. Um die Aktion erneut zu wiederholen, wählen Sie die Aktion aus und klicken Sie auf **Wiedergabe** ▶ .

💬 *Anwendungsfall*: Wenden Sie schnell ein voreingestelltes Logo-Wasserzeichen auf mehrere Bilder an.

Stapelverarbeitung

Mit der Stapelverarbeitung können Sie eine Aktion automatisch auf einen ganzen Ordner mit Bildern anwenden, ohne jede Datei einzeln öffnen zu müssen.

◆ **So verwenden Sie die Stapelverarbeitung:**

1. Erstellen und speichern Sie Ihre Aktion (siehe oben).

2. Gehen Sie zu **Datei > > Batch automatisieren**.

3. Wählen Sie Ihr Aktionsset und Ihre Aktion aus.

4. Wählen Sie den Quellordner aus (in dem sich Ihre Bilder befinden).

5. Wählen Sie einen Zielordner (in dem die Ergebnisse gespeichert werden).

6. Legen Sie die Konventionen für die Dateibenennung fest und klicken Sie auf **OK**.

💬 *Anwendungsfall*: Ändern der Größe oder Anwenden von Farbkorrekturen auf 100 Produktfotos in Sekundenschnelle.

⚠ Stellen Sie sicher, dass Ihre Aktion den Schritt **Speichern unter enthält** , da der Stapel die Dateien sonst möglicherweise nicht ordnungsgemäß speichert.

Tastenkombinationen für mehr Effizienz

Photoshop ist vollgepackt mit Tastenkombinationen, die jedes Werkzeug und jeden Menübefehl beschleunigen. Wenn Sie nur ein paar lernen, können Sie im Laufe der Zeit Stunden sparen.

◆ **Unverzichtbare Tastenkombinationen:**

Aktion	Fenster	macOS (Englisch)
Werkzeug "Verschieben"	V	V

Aktion	Fenster	macOS (Englisch)
Vergrößern/Verkleinern	Strg + / Strg -	Cmd + / Cmd -
An Bildschirm anpassen	Strg + 0	Cmd + 0
Aufmachen	Strg + Z	Cmd + Z
Schritt zurück (mehrfaches Rückgängigmachen)	Strg + Alt + Z	Cmd + Option + Z
Kopieren / Einfügen	Strg + C / V	Cmd + C / V

Aktion	Fenster	macOS (Englisch)
Neue Ebene	Strg+Umschalt+N	Cmd + Umschalt + N
Transformieren (Größe ändern/Drehen)	Strg + T	Cmd + T
Abwählen	Strg + D	Cmd + D
Lineale ein-/ausblenden	Strg + R	Befehl + R

◆ **Tool-spezifische Tastenkombinationen:**

Werkzeug	Abkürzung
Pinsel-Werkzeug	B
Radiergummi-Werkzeug	E
Zuschneiden-Werkzeug	C
Lasso-Werkzeug	L
Klon-Stempel-Werkzeug	S
Text-Werkzeug	T
Handwerkzeug (Pan)	H oder Leertaste (gedrückt halten)
Pipette	Ich

💬 *Tipp*: Drücken Sie **die Tabulatortaste** , um alle Bedienfelder ein- und auszublenden – ideal für übersichtliches Arbeiten.

Praktische Übungen

⚙ Übung 1: Erstellen einer grundlegenden Aktion

Ziel: Aufzeichnen und Wiedergeben einer benutzerdefinierten Aktion

Öffnen Sie ein beliebiges Foto.

Öffnen Sie das **Bedienfeld** "Aktionen".

Zeichnen Sie eine Aktion auf, die:

Dupliziert die Ebene

Wendet **Gaußscher Weichzeichner an**

Ändert den Mischmodus in **Weiches Licht**

Stoppen Sie die Aufnahme.

Spielen Sie die Aktion auf einem neuen Bild ab.

☑ *Was Sie geübt haben:* Erstellen und Wiederverwenden von Aktionen.

Übung 2: Stapelverarbeitung mehrerer Bilder

Ziel: Anwenden einer Aktion auf einen Ordner mit Dateien

Erstellen Sie eine Aktion, die die Größe eines Bildes auf eine Breite von 1000 Pixel ändert.

Speichern Sie 3-5 Beispielbilder in einem Ordner.

Verwenden Sie **Datei > Automatisieren > Batch** , um die Aktion auf alle Bilder anzuwenden.

☑ *Was Sie praktiziert haben*: Ordnerweite Automatisierung.

▦ Übung 3: Verwenden Sie 10 wichtige Tastenkombinationen

Ziel: Aufbau eines kurzen Muskelgedächtnisses

Üben Sie die folgenden Tastenkombinationen:

Strg/Cmd + Z (Rückgängig)

Strg/Cmd + D (Abwählen)

B (Pinsel)

T (Textwerkzeug)

V (Werkzeug "Verschieben")

Strg/Cmd + 0 (An Bildschirm anpassen)

Strg/Cmd + T (Transformieren)

Leertaste (Pan)

Strg/Cmd + R (Lineale)

Strg/Cmd + Umschalt + N (Neue Ebene)

☑ *Was Sie geübt haben*: Schnelle, effiziente Photoshop-Bewegungen.

Kapitel 10: Fortgeschrittene Techniken

Dieses Kapitel fasst alles für Benutzer zusammen, die bereit sind, ihre Fähigkeiten über die Grundlagen hinaus zu erweitern. Von der Animation über Camera RAW bis hin zu zerstörungsfreien Workflows – diese Techniken erschließen das volle Potenzial von Photoshop – insbesondere für Kreativprofis, Content-Ersteller und Fotografen.

Arbeiten mit 3D (falls noch unterstützt)

⚠ **Hinweis**: Ab Photoshop 2023 hat Adobe damit begonnen, 3D-Funktionen aufgrund von Leistungs- und

Kompatibilitätsproblemen auslaufen zu lassen. In Photoshop 2025 **sind native 3D-Werkzeuge entweder veraltet oder sehr eingeschränkt**. Adobe empfiehlt die Verwendung von **Substance 3D-Apps** für vollständige 3D-Workflows.

Einige **3D-Text- und grundlegende Extrusionsfunktionen** sind jedoch möglicherweise weiterhin zugänglich über:

- **Filtern > 3D-> 3D-Tiefenkarte generieren** (falls aktiviert)
- **Ebene > Neue 3D-Extrusion aus ausgewählter Ebene** (kann ausgeblendet oder nicht unterstützt werden)

Problemumgehung: Wenn Ihre Version 3D nicht unterstützt, verwenden Sie

Ebenenstile, Schatten und Abschrägungseffekte, um 3D-Text oder -Formen nachzuahmen.

Erstellen von animierten GIFs

Photoshop ermöglicht einfache Frame-by-Frame-Animationen – perfekt für Banner, Social-Media-GIFs oder Looping-Sequenzen.

◆ **Schritte zum Erstellen eines einfachen animierten GIF:**

1. **Öffnen oder erstellen Sie ein Dokument mit Ebenen** (jeder Frame = eine Ebene).
2. Gehen Sie zu **Fenster > Zeitleiste**, um die Animationszeitleiste zu öffnen.

3. Klicken Sie auf **Frame-Animation erstellen**.

4. Klicken Sie auf das Menüsymbol > **Frames aus Ebenen erstellen**.

5. Legen Sie die **Frame-Verzögerungszeit** für jeden Frame fest.

6. Wählen Sie **in den Looping-Optionen** die Option "Forever" aus.

7. Vorschau mit dem Play-Button.

♦ **Als GIF exportieren:**

- Gehen Sie zu **Datei > Exportieren > Für Web speichern (Legacy)**.
- Wählen Sie **das** GIF-Format.
- Setzen Sie die Schleife auf **Für immer** und klicken Sie auf **Speichern**.

🧠 *Anwendungsfall*: Erstellen Sie eine 4-Frame-Text-Enthüllungsanimation für Instagram Stories oder E-Mail-Marketing.

Nicht-destruktive Bearbeitung

Nicht-destruktive Bearbeitung bedeutet, Änderungen an Ihrem Bild vorzunehmen, ohne die ursprünglichen Pixel dauerhaft zu verändern. Auf diese Weise können Sie jederzeit zurückgehen, erneut bearbeiten oder Effekte entfernen.

◆ **Best Practices für zerstörungsfreie Workflows:**

Technik	Beschreibung
Intelligente Objekte	Konvertieren von Ebenen in Smartobjekte, um die

Technik	Beschreibung
	Originaldaten beizubehalten und neu bearbeitbare Filter zu ermöglichen
Einstellungsebenen	Wenden Sie Farb- und Tonwertänderungen an, ohne das Bild direkt zu verändern
Ebenen-Masken	Teile einer Ebene ausblenden, anstatt sie zu löschen
Schnittmasken	Anwenden von Effekten nur auf bestimmte Ebenen

Technik	Beschreibung
Überblenden Wenn (Ebenenstil)	Steuern der Sichtbarkeit von Ebenen basierend auf der Helligkeit ohne Masken

💬 *Tipp*: Verwenden Sie das **Radiergummi-Werkzeug niemals** direkt auf einem Originalbild, sondern maskieren Sie es!

Arbeiten mit Camera RAW

Camera RAW ist ein unverzichtbares Werkzeug für Fotografen, das eine hochwertige Bearbeitung von RAW-Bilddateien mit größerer Präzision und Qualitätserhaltung ermöglicht.

◆ **So greifen Sie auf Kamera-RAW zu:**

- Öffnen Sie eine RAW-Datei (z. B. . CR2, . NEF. ARW) und Photoshop starten automatisch **Adobe Camera RAW (ACR).**

- Sie können Camera RAW auch auf Nicht-RAW-Bilder anwenden über: **Filter > Camera Raw-Filter**

◆ **Hauptmerkmale von Camera RAW:**

Gremium	Was es macht
Grundlegend	Passen Sie Belichtung, Kontrast, Lichter, Schatten, Weiß, Schwarz an
Tonwert- Kurve	Feinabstimmung von Helligkeit und Kontrast

Gremium	Was es macht
Farbmischer	Anpassen von Farbton, Sättigung und Luminanz nach Farbe
Detail	Schärfen und Rauschunterdrückung
Effekte	Fügen Sie Getreide und Vignetten hinzu
Kalibrierung	Farbprofil-Optimierungen für fortgeschrittene Benutzer

💬 *Anwendungsfall*: Korrigieren Sie ein unterbelichtetes Foto, entfernen Sie Farbstiche oder verleihen Sie Ihrem Foto eine filmische Farbkorrektur.

Praktische Übungen

◎ Übung 1: Erstellen eines einfachen animierten GIFs

Ziel: Erstellen einer Schleifenanimation

Erstellen Sie 3 bis 5 Textebenen mit leicht unterschiedlichem Inhalt (z. B. "Angebot beginnt jetzt" > "Bis zu 50 % Rabatt" > "Heute einkaufen!").

Öffnen Sie die **Zeitleiste** und erstellen Sie Bilder aus Ebenen.

Stellen Sie die Frame-Verzögerung auf 0,5 s ein und wiederholen Sie sie für immer.

Exportieren Sie als GIF mit **"Für Web speichern"**.

☑ *Sie haben geübt*: Frame-Animation und Web-Export.

💡 Übung 2: Anwenden von nicht-destruktiven Filtern

Ziel: Smartobjekte und Masken verwenden

Importieren Sie ein Foto.

Konvertieren Sie es in ein **Smartobjekt**.

Gaußscher Weichzeichner **über** Filter **anwenden**.

Verwenden Sie eine **Ebenenmaske** , um nur Teile der Unschärfe anzuzeigen (z. B. einen Effekt mit geringer Tiefenschärfe).

☑ *Du hast Folgendes geübt*: Ebenenschutz und maskenbasierte Bearbeitungen.

📷 Übung 3: Bearbeiten einer RAW-Datei mit Camera RAW

Ziel: Verbesserung der Fotoqualität

Öffnen Sie eine RAW-Datei oder wenden Sie den **Camera Raw-Filter** auf ein JPEG an.

Passen Sie **Belichtung**, **Kontrast**, **Weiß/Schwarz** und **Textur an**.

Exportieren Sie das Foto oder öffnen Sie es zur weiteren Bearbeitung in Photoshop.

☑ *Sie haben geübt*: Fotoverbesserungen auf professionellem Niveau.

🧊 Übung 4: Simulieren von 3D-Text

Ziel: Verwenden von Ebenenstilen zum Nachahmen von 3D

Erstellen Sie mit dem Textwerkzeug eine fette Überschrift.

Wenden Sie **"Abschrägung und Prägung"**, **"Schlagschatten"** und **"Verlaufsüberlagerung"** an.

Passen Sie die Tiefe und den Schattenwinkel für eine 3D-Illusion an.

☑ *Sie haben geübt:* Formatieren von Text ohne echte 3D-Funktionen.

Bonus-Bereich

Häufige Fehler und wie man sie vermeidet

Selbst erfahrene Nutzer tappen in Fallen, die zu Frustration oder schlechten Ergebnissen führen. Das Erkennen dieser Fallstricke kann Zeit sparen, Fehler vermeiden und sauberere Arbeit leisten.

◆ **Fehler 1: Bearbeiten auf der Hintergrundebene**

Problem: Alle Änderungen, die direkt auf der Hintergrundebene vorgenommen werden, sind dauerhaft und zerstörerisch.

☑ **Was stattdessen zu tun ist**: Duplizieren Sie die Hintergrundebene immer (Strg/Cmd + J) oder konvertieren Sie sie in ein **Smart-Objekt,** bevor Sie Änderungen vornehmen.

◆ **Fehler 2: Übermäßiger Einsatz von Filtern oder Effekten**

Warum das ein Problem ist: Zu viele Filter, Leuchten oder Schatten können dazu führen, dass Designs amateurhaft oder veraltet aussehen.

☑ **Was Sie stattdessen tun können**: Verwenden Sie Effekte *sparsam und zielgerichtet*. Fragen Sie: *"Verstärkt oder lenkt dies von der Botschaft ab?"*

◆ **Fehler 3: Ignorieren von Auflösungs- und Farbeinstellungen**

Warum das ein Problem ist: Eine falsche Auflösung (z. B. 72 PPI für den Druck) oder ein falscher Farbmodus (RGB für den Druck) führt zu einer schlechten Ausgabe.

☑ **Was stattdessen zu tun ist**:

- Für **den Druck**: 300 PPI, CMYK
- Für **Web**: 72 PPI, RGB

◆ **Fehler 4: Zu früh abflachen**

Warum das ein Problem ist: Beim Reduzieren werden alle Ebenen zusammengeführt, sodass Elemente später nicht mehr angepasst werden können.

☑ **Was stattdessen zu tun ist**: Behalten Sie eine mehrschichtige **.PSD Version** Ihrer Datei bei, bevor Sie sie reduzieren oder exportieren.

◆ **Fehler 5: Verwenden des Radiergummis anstelle von Ebenenmasken**

Problem: Mit dem Radiergummi-Werkzeug werden Pixel dauerhaft entfernt.

☑ **Stattdessen folgende Schritte**: Verwenden Sie **Ebenenmasken** , um die Sichtbarkeit zerstörungsfrei zu steuern.

Reale Projekte in die Praxis

Diese Mini-Projekte sollen den Lesern helfen, alles, was sie gelernt haben, in realistischen, zielorientierten Szenarien anzuwenden.

Projekt 1: Entwerfen eines Werbeplakats für eine lokale Veranstaltung

- Erstellen Sie eine 11x17" CMYK-Leinwand
- Verwenden von Bildern, Formebenen und formatiertem Text

- Anwenden von Füllmethoden und Ebenenstilen
- Export als druckfertiges PDF und digitales JPG

Projekt 2: Retuschieren Sie ein professionelles Porträtfoto

- Verwenden Sie **Spot Healing Brush**, **Dodge/Burn** und **Frequency Separation**
- Wenden Sie **den Kamera-RAW-Filter** für die endgültige Tonwertkontrolle an
- Speichern Sie als Web- und hochauflösende Druckversion

Projekt 3: Social Media Markenpaket

- Erstellen Sie einen Instagram-Post, ein Facebook-Banner und ein YouTube-Thumbnail mit einheitlichen Farben und Branding
- Verwenden von **Smartobjekten** zum Erstellen wiederverwendbarer Vorlagen
- Wenden Sie nicht-destruktive Bearbeitungen an und speichern Sie sie als PSD/PNG

Projekt 4: Erstellen eines animierten Produkt-GIFs

- Animieren von Text oder Symbolen auf einer Leinwand mit 1080 x 1080 Pixeln mithilfe der **Zeitleiste**

- Exportieren als Looping-GIF für das Web

◆ **Projekt 5: Zusammensetzen einer Fantasy-Szene**

- Kombinieren Sie 3-5 Bilder zu einer surrealen Landschaft
- Verwenden von **"Auswählen und maskieren"**, **"Ebenenmasken"** und **"Farbkorrektur"**
- Anwenden von Finishing-Effekten wie **Lichtlecks** oder **Verlaufs-Maps**

Ressourcenliste (Pinsel, Plugins, Tutorials)

Um weiter wachsen zu können, benötigen die Leser hochwertige, sichere und vertrauenswürdige Ressourcen. Diese

155

kuratierte Liste weist sie in die richtige Richtung.

Kostenlose & Premium-Bürsten

- **Adobe Pinsel-Bibliothek –** https://www.adobe.com/products/photoshop/brushes.html
- **Brusheezy –** https://www.brusheezy.com (*Kostenlos & Premium*)
- **Kyle T. Webster-Pinsel** (*im Lieferumfang von Adobe Creative Cloud enthalten*)

⚡ Beliebte Plugins

- **Nik Collection** – Leistungsstarke Fotofilter und -effekte
- **Retouch4Me** – KI-basiertes Retusche-Plugin für Portraits
- **ON1 Effects** – Presets und Filter mit einem Klick
- **Infinite Color Panel** – KI-gestützte Farbkorrektur für Kreative

---

🎓 Tutorial-Websites

- **Adobe Help Center** – https://helpx.adobe.com/photoshop /tutorials.html
- **PHLEARN** – https://phlearn.com (Kostenlose & Premium Photoshop Kurse)

- **Piximperfect (YouTube)** – Sehr detaillierte, praktische Photoshop-Tutorials
- **Envato Tuts+** – https://tutsplus.com *(Projektbasierter Unterricht)*

www.ingramcontent.com/pod-product-compliance
Lightning Source LLC
LaVergne TN
LVHW051341050326
832903LV00031B/3674